ACKNOWLEDGEMENTS

Thank you to my friends, adult and child, who gave me great constructive feedback on my original idea, and positive encouragement to make it happen.

Thank you to the professionals: Anna at Ventura Design for her great vision in my book cover, and to Nicky for her eagle-eyed proofreading.

Thank you to Simon and to my children for believing in me and my project.

Author's note to parents - helping your child with challenges

Whilst a gratitude journal is enormously useful to help focus on positivity, it is important to remember that children's grievances still need to be heard and respected. A child who is experiencing big emotional upheaval or major life events (e.g. bullying or divorce) will not be helped simply by being told to look at all the things they have to be thankful for.

Allowing and supporting them to express the normal emotions which accompany distress (whilst shifting perspective towards the positive aspects of their lives) can be a more balanced way to help, in these circumstances.

Introduction

So, why should I keep a Thank You journal?

Do you sometimes complain that there are too many rules or that life seems unfair?

Do you get bored easily, even though you have lots of toys, games and books?

Does home or school get you down sometimes, and you wish you could be somewhere else or do something different?

Do you worry a lot about frightening or difficult things happening in the world or in your life?

Well, you're not alone, these are very common feelings!

Sometimes it's so easy to only see the **bad stuff.**

People often take things for granted, which means they don't realise that what they have is special or important. You might believe that other people have more to be happy about, or that your friends have a better life than you.............sound familiar?

Thinking this way makes us forget that there are actually

good things

going on in our own lives, and in the world, if only we take the time to notice them!

Keeping a daily Thank You journal is a fun and easy habit to remind us what there is to be grateful for.

Of course, sad and worrying things will happen sometimes but did you know that writing "*Thank You*" lists has been **proven** to help people feel generally happier and more positive about life?

Keeping your journal is an amazing way to help you:

- ☆ *Feel good and complain less*
- ☆ *Be better company for friends and family*
- ☆ *Check whether things really are as bad as you think they are*
- ☆ *Learn to turn tough situations around*
- ☆ *Help you to be kinder and more understanding to others*
- ☆ *Worry less about the "small stuff" in life*

How do I use my journal?

It's so simple! Each day, write a list of FIVE things to say thank you for in your journal. Five is enough to make you think, but not too many so you get bored!

There's a different symbol for each day of the week. You can colour them in when you write your list.

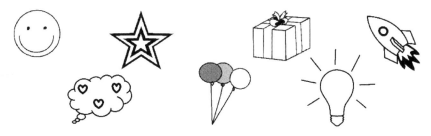

You can write your list any time but it's a good idea to choose a time you'll remember every day. In the evening, before bed is a perfect time.

⭐ **Try to think of as many new things as you can each day and week**

You could think about:

☺ *Something exciting that happened in the day*
☺ *People who are kind to you*
☺ *Feeling better after getting hurt or unwell*
☺ *Someone who cooks your meals each day*
☺ *People working to make sure we have clean water and electricity for our homes*

At the end of each week there is a question to answer about something that made you feel **especially good**. You can then draw or write about it.

The journal lasts for **12 weeks**, so you by the end you'll probably be **amazed** by just how much good stuff is going on in your world!

↻ Turnarounds ↻

As well as your daily lists, every few weeks there will be a challenge to describe a "turnaround" that happened in your life.

A turnaround is a situation which may have started out feeling *bad* but actually ended up being **something good** to feel grateful for!

Some examples of turnarounds could be:

- ↻ My mum made me tidy my room which I hate... ....but while I was clearing up, I found my watch that had been lost for weeks!

- ↻ I felt upset because I didn't get picked for the part in the school performance that I wanted......but I realised that the new role was so much fun that I didn't really mind!

So, are you ready for an attitude of gratitude?

Have fun with your journal! Write, draw, colour and enjoy reminding yourself every day of the good things in your life.

Grab a pen......

Let's Get Started!

Day 8

5 things I am grateful for today:

1)

2)

3)

4)

5)

Day 9

5 things I am grateful for today:

1)

2)

3)

4)

5)

Day 10

5 things I am grateful for today:

1)

2)

3)

4)

5)

Day 11

5 things I am grateful for today:

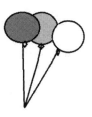

 1)

2)

3)

4)

5)

Day 12

5 things I am grateful for today:

1)

2)

3)

4)

5)

Day 13

5 things I am grateful for today:

1)

2)

3)

4)

5)

Day 14

5 things I am grateful for today:

1)

2)

3)

4)

5)

End of week 2

Did I appreciate someone or something a little bit more this week? Draw or write about it below:

Day 15

5 things I am grateful for today:

1)

2)

3)

4)

5)

Day 16

5 things I am grateful for today:

1)

2)

3)

4)

5)

Day 17

5 things I am grateful for today:

1)

2)

3)

4)

5)

Day 18

5 things I am grateful for today:

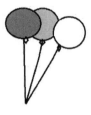

1)

2)

3)

4)

5)

Day 19

5 things I am grateful for today:

1)

2)

3)

4)

5)

Day 20

5 things I am grateful for today:

1)

2)

3)

4)

5)

Day 21

5 things I am grateful for today:

1)

2)

3)

4)

5)

End of week 3

What made me laugh this week? Draw or write about it below:

Turnaround Number 1

Describe a situation which felt *bad* at the start but turned out **Ok** in the end:

_____

_____

_____

_____

_____

_____

Draw something which makes you feel **happy:**

Day 22

5 things I am grateful for today:

1)

2)

3)

4)

5)

Day 23

5 things I am grateful for today:

1)

2)

3)

4)

5)

Day 24

5 things I am grateful for today:

1)

2)

3)

4)

5)

Day 25

5 things I am grateful for today:

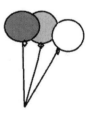

1)

2)

3)

4)

5)

Day 26

5 things I am grateful for today:

1)

2)

3)

4)

5)

Day 27

5 things I am grateful for today:

1)

2)

3)

4)

5)

Day 28

5 things I am grateful for today:

1)

2)

3)

4)

5)

End of week 4

Did I see my problems a bit differently this week?
Draw or write about it below:

Day 29

5 things I am grateful for today:

1)

2)

3)

4)

5)

Day 30

5 things I am grateful for today:

1)

2)

3)

4)

5)

Day 31

5 things I am grateful for today:

1)

2)

3)

4)

5)

Day 32

5 things I am grateful for today:

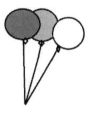

1)

2)

3)

4)

5)

Day 33

5 things I am grateful for today:

1)

2)

3)

4)

5)

Day 34

5 things I am grateful for today:

1)

2)

3)

4)

5)

Day 35

5 things I am grateful for today:

1)

2)

3)

4)

5)

End of week 5

Did I notice any kind people this week? Draw or write about it below:

Day 36

5 things I am grateful for today:

1)

2)

3)

4)

5)

Day 37

5 things I am grateful for today:

1)

2)

3)

4)

5)

Day 38

5 things I am grateful for today:

1)

2)

3)

4)

5)

Day 39

5 things I am grateful for today:

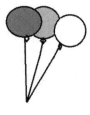

1)

2)

3)

4)

5)

Day 40

5 things I am grateful for today:

1)

2)

3)

4)

5)

Day 41

5 things I am grateful for today:

1)

2)

3)

4)

5)

Day 42

5 things I am grateful for today:

1)

2)

3)

4)

5)

End of week 6

Did I understand anything a bit more easily this week?
Draw or write about it below:

Turnaround Number 2

Describe a situation which felt *bad* at the start but turned out **OK** in the end:

_____

_____

_____

_____

_____

_____

Draw something which makes you feel
happy:

Day 43

5 things I am grateful for today:

1)

2)

3)

4)

5)

Day 44

5 things I am grateful for today:

1)

2)

3)

4)

5)

Day 45

5 things I am grateful for today:

1)

2)

3)

4)

5)

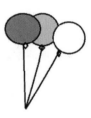

Day 46

5 things I am grateful for today:

1)

2)

3)

4)

5)

Day 47

5 things I am grateful for today:

1)

2)

3)

4)

5)

Day 48

5 things I am grateful for today:

1)

2)

3)

4)

5)

Day 49

5 things I am grateful for today:

1)

2)

3)

4)

5)

End of week 7

Did anybody give me anything this week?
Draw or write about it below:

Day 50

5 things I am grateful for today:

1)

2)

3)

4)

5)

Day 51

5 things I am grateful for today:

1)

2)

3)

4)

5)

Day 52

5 things I am grateful for today:

1)

2)

3)

4)

5)

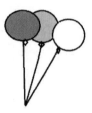

Day 53

5 things I am grateful for today:

1)

2)

3)

4)

5)

Day 54

5 things I am grateful for today:

1)

2)

3)

4)

5)

Day 55

5 things I am grateful for today:

1)

2)

3)

4)

5)

Day 56

5 things I am grateful for today:

1)

2)

3)

4)

5)

End of week 8

Did I notice anybody doing helpful work in my school or community this week? Draw or write about it below:

Day 57

5 things I am grateful for today:

1)

2)

3)

4)

5)

Day 58

5 things I am grateful for today:

1)

2)

3)

4)

5)

Day 59

5 things I am grateful for today:

1)

2)

3)

4)

5)

Day 60

5 things I am grateful for today:

1)

2)

3)

4)

5)

Day 61

5 things I am grateful for today:

1)

2)

3)

4)

5)

Day 62

5 things I am grateful for today:

1)

2)

3)

4)

5)

Day 63

5 things I am grateful for today:

1)

2)

3)

4)

5)

End of week 9

What was the most interesting thing about this week?
Draw or write about it below:

Turnaround Number 3

Describe a situation which felt *bad* at the start but turned out **OK** in the end:

_____

_____

_____

_____

_____

_____

_____

Draw something which makes you feel
happy:

Day 64

5 things I am grateful for today:

1)

2)

3)

4)

5)

Day 65

5 things I am grateful for today:

1)

2)

3)

4)

5)

Day 66

5 things I am grateful for today:

1)

2)

3)

4)

5)

Day 67

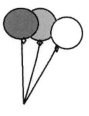

5 things I am grateful for today:

1)

2)

3)

4)

5)

Day 68

5 things I am grateful for today:

1)

2)

3)

4)

5)

Day 69

5 things I am grateful for today:

1)

2)

3)

4)

5)

Day 70

5 things I am grateful for today:

1)

2)

3)

4)

5)

End of Week 10

What made me feel most excited this week?
Draw or write about it below:

Day 71

5 things I am grateful for today:

1)

2)

3)

4)

5)

Day 72

5 things I am grateful for today:

1)

2)

3)

4)

5)

Day 73

5 things I am grateful for today:

1)

2)

3)

4)

5)

Day 74

5 things I am grateful for today:

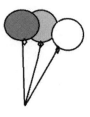

1)

2)

3)

4)

5)

Day 75

5 things I am grateful for today:

1)

2)

3)

4)

5)

Day 76

5 things I am grateful for today:

1)

2)

3)

4)

5)

Day 77

5 things I am grateful for today:

1)

2)

3)

4)

5)

End of Week 11

Which people did I feel most grateful for this week?
Draw or write about it below:

Day 78

5 things I am grateful for today:

1)

2)

3)

4)

5)

Day 79

5 things I am grateful for today:

1)

2)

3)

4)

5)

Day 80

5 things I am grateful for today:

1)

2)

3)

4)

5)

Day 81

5 things I am grateful for today:

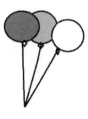

1)

2)

3)

4)

5)

Day 82

5 things I am grateful for today:

1)

2)

3)

4)

5)

Day 83

5 things I am grateful for today:

1)

2)

3)

4)

5)

Day 84

5 things I am grateful for today:

1)

2)

3)

4)

5)

End of Week 12

What made me feel good about myself this week?
Draw or write about it below:

Turnaround Number 4

Describe a situation which felt *bad* at the start but turned out **Ok** in the end:

_____

_____

_____

_____

_____

_____

_____

Draw something which makes you feel
happy.

Hurray! You've completed your Thank You journal,

well done!!

This means you've managed to come up with **hundreds** of different things to be grateful for over the last few months!

How does that make you feel? You can draw or write about it in the space below:

If you've found keeping a journal helpful, you might like to share the idea with other people. It's always great to pass on tips for making others feel good too.

This journal doesn't have to be the end; many people find that once they start feeling more positive by writing down their gratitude list, they want to keep going by starting a new journal!

Maybe you can even make your own? You could buy a special note book and design it the way you want.

- ☺ Decorate it and make it personal
- ☺ You can continue with five things a day, or you might like to choose more or fewer things for your list
- ☺ Keep noticing the way it makes you feel
- ☺ Be creative and have fun with it!

I hope you've enjoyed keeping your journal; now give yourself a pat on the back for helping to make the world a more positive place!

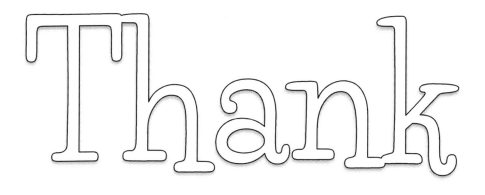

35932125R00040